108 citations d'Amma sur la Méditation

108 citations d'Amma sur la Méditation

Publié par :
    Mata Amritanandamayi Center
    P.O. Box 613
    San Ramon, CA 94583
    États-Unis

---------- 108 Quotes on Meditation (French) ----------

Copyright © 2020 Mata Amritanandamayi Center,
San Ramon, CA 94583, États-Unis

Tous droits réservés. Aucune partie de cette publication ne peut être enregistrée dans une banque de données, transmise ou reproduite de quelque manière que ce soit sans l'accord préalable et la permission expressément écrite de l'auteur.

En France :
    www.etw-france.org

En Inde:
    www.amritapuri.org
    inform@amritapuri.org

1

La méditation est aussi précieuse que l'or. Elle apporte la prospérité matérielle, la paix et la libération. Le moindre moment passé à méditer n'est jamais perdu. Il ne peut être que précieux.

2

Ajoutez la compassion à la méditation, et vous avez de l'or au merveilleux parfum ! Grâce à la méditation, notre cœur se remplit de compassion.

3

L'essence de toutes les disciplines spirituelles, c'est de concentrer le mental en un seul point. Pour cela, une des meilleures méthodes consiste à méditer.

4

Mes enfants, ne croyez pas qu'il soit possible de calmer le mental immédiatement quand vous vous asseyez pour méditer. Tout d'abord, détendez toutes les parties du corps. Desserrez vos vêtements si cela est nécessaire. Assurez-vous que la colonne vertébrale est droite. Puis fermez les yeux et concentrez-vous sur la respiration.

5

Vous pouvez commencer à méditer en vous concentrant sur la forme de votre divinité d'élection ou bien sur le sans-forme, comme par exemple la lumière d'une bougie. Si le mental vagabonde, ramenez-le vers ce support. Si vous n'y parvenez pas, il suffit de regarder où va le mental. Il s'agit de garder le mental sous observation. Il cessera alors de courir partout et vous en aurez la maîtrise.

6

Asseyez-vous et contemplez la forme de votre divinité d'élection pendant deux minutes. Puis fermez les yeux et visualisez la forme de cette divinité dans votre cœur. Méditez en concentrant le mental soit sur le point entre les sourcils soit dans le cœur. Chaque fois que la forme s'estompe, regardez de nouveau la photo. Bien que la photo soit faite de papier et d'encre, imaginez qu'elle est remplie de conscience. Nous ne pouvons atteindre le Réel qu'à travers l'irréel. Parce que nous sommes plongés dans l'irréel, nous oublions le Réel. Une photo peut nous rappeler le Réel.

7

Au départ il vous faudra faire beaucoup d'efforts pour concentrer le mental sur votre divinité d'élection pendant la méditation. Il ne vous sera peut-être pas possible au début de visualiser la forme entière. Ne vous découragez pas, continuez à essayer de visualiser, mais seulement les pieds de la divinité. Avec le temps, vous serez capable de visualiser la forme entière. Grâce à la puissance d'une pratique assidue, la forme deviendra de plus en plus claire.

8

Au stade initial, il suffit de méditer deux fois par jour pendant dix minutes ou une demi-heure. Peu à peu, on peut augmenter le temps de méditation. La période favorable à la méditation se situe entre cinq heures du soir et onze heures du matin. Après avoir médité, il faut rester un moment assis en silence. C'est seulement ainsi que vous obtiendrez le plein bénéfice de la méditation. Demandez toujours les conseils de votre maître spirituel et suivez fidèlement ses instructions.

9

Quand vous méditez, ne créez aucune tension dans le mental. Si une partie de votre corps est tendue ou souffre, le mental se fixera sur elle. Détendez chaque partie de votre corps et observez les pensées avec une vigilance absolue. Le mental disparaîtra alors de lui-même.

10

Une fois que l'on a pris goût à la méditation, il n'est pas difficile de s'asseoir pour méditer. Peu à peu, cela devient spontané. Tant que vous n'en êtes pas là, faites des efforts intenses, sinon il vous sera difficile d'enseigner la patience au corps et au mental.

11

Il ne faut pas méditer aussitôt après manger. Après un repas lourd, il faut laisser passer au moins deux heures avant de s'asseoir et de méditer. Si vous n'avez mangé qu'un snack léger, un intervalle d'une demi-heure suffit.

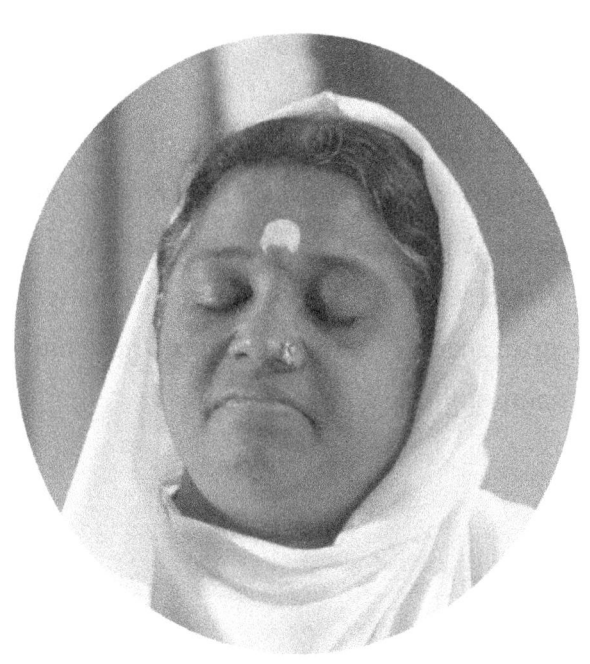

12

Pouvez-vous méditer dans un lieu en désordre, sale et laid ? Non. Pour cela, vous avez besoin d'un lieu propre et ordonné. Si l'endroit est sale et en désordre, votre mental en est affecté et vous ne réussirez pas à vous concentrer.

13

Il n'est pas nécessaire de croire en Dieu pour méditer. Vous pouvez imaginer que vous vous fondez dans l'Infini, comme une rivière se fond dans l'océan. Cette méthode vous évitera certainement d'être agité intérieurement.

14

Mes enfants, la méditation ne consiste pas uniquement à s'asseoir en fermant les yeux. Chacune de nos actions devrait être une forme d'adoration. Nous devrions pouvoir ressentir partout la présence de Dieu.

15

Une fois que vous vous êtes totalement abandonné et que votre être entier est dans un état de prière constante, ce qui reste, ce n'est pas vous, c'est Dieu. Il ne reste que l'amour. La prière peut accomplir ce miracle. Vos larmes peuvent réaliser cet exploit. Quel est le but de la méditation ? C'est de devenir amour, de faire l'expérience de cette Unité. La meilleure technique de méditation est de prier et de pleurer pour Dieu.

16

Méditer ne consiste pas uniquement à rester assis les yeux fermés dans la posture du lotus. La méditation, c'est aussi aider ceux qui souffrent, consoler ceux qui sont dans la détresse, sourire à quelqu'un et lui dire quelques paroles aimantes, sans rien attendre en échange.

17

Mes enfants, quand vous vous asseyez pour méditer, n'essayez pas de calmer le mental de force car si vous le faites, les pensées réprimées reviendront avec dix fois plus de force qu'au départ. Essayez de trouver la source des pensées et de les maîtriser grâce à cette connaissance.

18

Il est possible de mettre fin une fois pour toutes à nos problèmes en changeant une idée fausse et très répandue : l'idée qu'ils ont leur origine dans les situations extérieures. Comprenez que les difficultés résident à l'intérieur de votre mental. Une fois que vous en avez conscience, vous pouvez entamer le processus qui consiste à éliminer vos faiblesses intérieures. La méditation est la méthode utilisée pour y parvenir. Seul le silence intérieur, la calme et la détente que nous obtenons grâce à la méditation nous aideront.

19

La méditation est la technique qui permet de fermer les portes et les fenêtres des sens, afin de regarder à l'intérieur et de voir son Soi réel.

20

Quand nous méditons sur Dieu avec forme, nous méditons aussi sur notre propre Soi. Quand toutes les autres pensées sont maîtrisées, le mental peut se concentrer sur l'image de Dieu. A la fin, il ne restera pas d'autre pensée que celle de Dieu.

21

La méditation dissout la peur de la mort. Elle nous libère de l'ego et nous conduit à l'état sans mental. Une fois que nous avons transcendé le mental, nous prenons conscience que nous sommes l'Atman (le Soi suprême) immuable, éternel, qui est l'essence de l'univers.

22

Toutes vos pratiques spirituelles bénéficient au monde entier. Les vibrations de votre japa (le fait de répéter son mantra), de la récitation des mantras divins et de votre méditation purifient l'atmosphère aussi bien que votre mental. Sans en avoir conscience, vous apportez la paix et la tranquillité à tous ceux qui entrent en contact avec vous.

20

Quand nous méditons sur Dieu avec forme, nous méditons aussi sur notre propre Soi. Quand toutes les autres pensées sont maîtrisées, le mental peut se concentrer sur l'image de Dieu. A la fin, il ne restera pas d'autre pensée que celle de Dieu.

19

La méditation est la technique qui permet de fermer les portes et les fenêtres des sens, afin de regarder à l'intérieur et de voir son Soi réel.

25

Sans patience et sans vigilance, vous n'atteindrez jamais Dieu. Si vous ne pouvez pas être attentif à de petites choses sur le plan grossier, comment allez-vous obtenir la concentration quand vous méditez ? La méditation est extrêmement subtile. C'est grâce à l'attention et à la patience que nous manifestons dans les petites choses que nous pouvons accomplir de grandes choses.

23

Bien que notre nature réelle soit l'Atman toujours libre et éternel, actuellement, nous nous croyons enchaînés et limités. Pour se libérer de cette idée fausse, les pratiques spirituelles telles que la méditation sont nécessaires.

24

Grâce aux pratiques spirituelles telles que la méditation, nous acquérons de la puissance. Nous devenons une réserve inépuisable d'énergie et de vigueur. Dans les situations difficiles, nous sommes alors capables d'accomplir l'action juste sans nous effondrer.

26

Soit on avance en se conformant à la volonté de Dieu, convaincu que « Tout est Toi », soit on se pose la question « Qui suis-je ? » avec la ferme conviction « Tout est en moi ».

27

Quand il y a du seva (service désintéressé), un chercheur spirituel devrait tout oublier et se plonger entièrement dans ce travail, en l'accomplissant comme une offrande aux Pieds de lotus du Seigneur. Mais quand il n'y a pas de travail, la même personne devrait pouvoir s'asseoir et méditer pendant de longues heures.

28

Ce qui rend le mental impur, ce sont les pensées nombreuses et variées qui surgissent constamment. La méditation dirige toutes ces pensées vers un seul point de concentration.

29

Mes enfants, le mental est naturellement concentré et pur, mais jusqu'à présent, nous avons laissé place à de nombreuses émotions impures, liées au monde. On peut les comparer à de mauvais locataires. Nous leur avions donné un petit lopin de terre pour y construire une hutte. Maintenant, quand nous leur demandons de partir, non seulement ils ignorent notre demande, mais ils luttent contre nous. Il faut travailler dur pour les chasser ou bien leur intenter un procès. Ainsi, pour chasser les locataires du mental, il faut leur intenter un procès devant le tribunal de Dieu. C'est une lutte constante. Nous devons continuer à nous battre jusqu'à ce que nous remportions la victoire.

30

La dualité n'existe que tant que nous sommes identifiés au corps. Une fois transcendée cette identification, toutes les dualités disparaissent. Dans cet état de suprême Unité, c'est comme si un récipient était cassé : l'espace à l'intérieur du récipient s'unit à la totalité de l'espace.

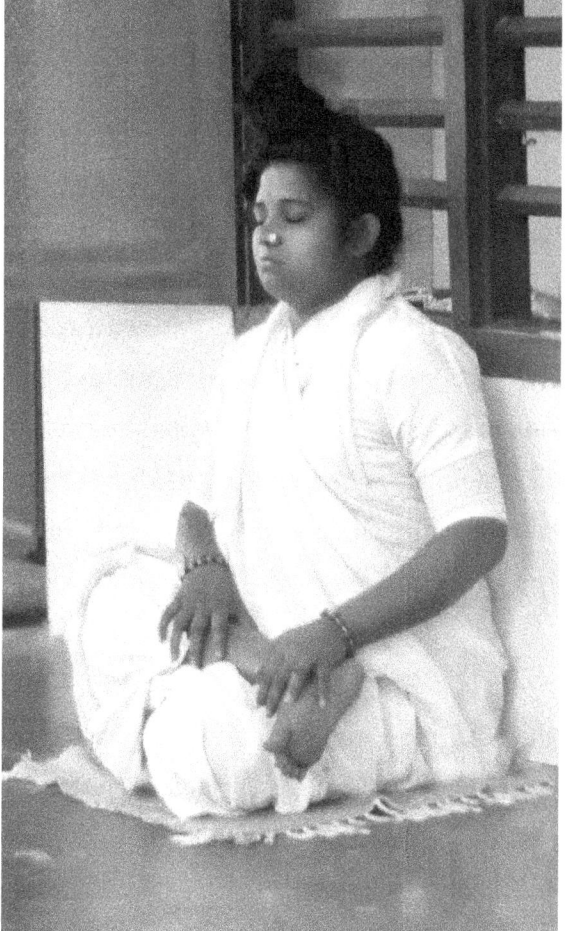

31

Dix heures de méditation dans la journée équivalent à cinq heures de méditation la nuit. Vous aurez beau dormir toute la journée, vous n'en retirerez pas la même fraîcheur ni le même bonheur que si vous dormez quelques heures la nuit. C'est que la nuit, l'atmosphère est calme et tranquille. Il y a moins de vibrations et de pensées liées au monde, ce qui rend l'atmosphère propice à la méditation. Dans la journée, l'atmosphère est complètement polluée par les pensées de ceux qui courent après les plaisirs matériels.

32

Seule une attitude altruiste soutenue par la prière, la méditation et la répétition du mantra peut restaurer l'harmonie perdue du mental humain. Harmonisez d'abord le mental. L'harmonie de la Nature se rétablira alors spontanément. Là où la concentration est présente, l'harmonie règne.

33

Grâce à la méditation, on surmonte l'agitation du mental. La méditation nous permet de purifier le mental comme un filtre les impuretés de l'eau. Quand le mental s'absorbe ensuite dans un objet, nous faisons l'expérience de la joie innée qui demeure en nous.

34

La méditation est bénéfique même pour les petits enfants. Leur intelligence devient claire, leur mémoire augmente et ils apprennent facilement. Leur corps et leur esprit se fortifient et ils sont ensuite capables d'affronter hardiment la vie.

35

La concentration et l'amour sont une seule et même chose. Comme les deux côtés d'une pièce, ils sont inséparables. Si l'on veut faire l'expérience de la concentration dans la méditation, il faut éprouver de l'amour car il est impossible de les séparer.

36

La méditation authentique met fin à toute souffrance. C'est le mental qui est à l'origine de la souffrance, et le passé appartient au mental. On ne peut s'établir dans le Soi, en Dieu, qu'en abandonnant le passé, et cela n'est possible que grâce à la méditation.

37

Nous devrions méditer régulièrement et sincèrement, sans nous arrêter, jusqu'à ce que nous obtenions la concentration du mental. Une fois les graines semées, il faut les arroser quotidiennement jusqu'à ce que les petites plantes se développent et atteignent une certaine taille. Il faudra peut-être un peu de temps pour que les germes de la spiritualité apparaissent. Arrosez régulièrement les graines avec les eaux des pratiques spirituelles, sans jamais y manquer, et attendez patiemment.

38

Plus vous méditez, plus vous verrez de vasanas (tendances latentes et désirs) se manifester. Si les vasanas apparaissent ainsi, c'est uniquement pour être détruites.

39

Vouloir contraindre de force le mental à méditer revient à vouloir enfoncer sous l'eau un morceau de bois creux. Dès que vous enlevez la main, il remonte d'un coup à la surface. Essayons plutôt de vaincre le mental en lui inculquant de nouvelles idées et en cultivant de bonnes habitudes à la place des anciennes habitudes néfastes.

40

Il nous faut observer les pensées en gardant une certaine distance. Si nous nous approchons, sans même que nous le sachions, elles nous tireront dans leur sens ; mais si nous les observons à partir d'une certaine distance, nous les verrons s'apaiser et la paix revenir.

41

Avant de méditer, nous devrions dire à notre mental : « Quoi qu'il arrive, je ne me lèverai pas d'ici avant la fin du temps de méditation que je me suis fixé. »

42

Au départ, nous voyons Dieu dans une divinité particulière, nous appelons Dieu d'un certain nom ; mais quand notre dévotion mûrit et s'épanouit pleinement, nous voyons Dieu en tous les noms et en toutes les formes, ainsi qu'à l'intérieur de nous.

43

Si vous parlez juste après avoir médité, toute l'énergie que vous avez obtenue sera ainsi perdue. Ne gâchez pas votre énergie, comme quelqu'un qui gaspillerait son argent durement gagné en achetant des cacahuètes.

44

Mes enfants chéris, rappelez-vous toujours dans votre cœur que Dieu est amour. En méditant sur l'incarnation de l'Amour, vous deviendrez cet Amour.

45

L'amour doit naître à l'intérieur. Grâce à la méditation, à la prière et à la récitation de mantras, nous pouvons soigner et nourrir cet amour, en créant une atmosphère propice où l'amour peut grandir.

46

La méditation est la technique qui permet d'être dans le moment présent. C'est une expérience que l'on ne peut pas expliquer verbalement. La méditation survient quand on transcende le mental et toutes les pensées.

47

Nous devrions pouvoir exprimer dans nos actions le silence intérieur et le calme acquis grâce à notre méditation. En fait, la méditation nous aide à obtenir une meilleure compréhension de tous les aspects de la vie.

48

Le courant d'une rivière qui se divise en de nombreux bras n'a pas de force. Si on réunit les différents bras de la rivière pour les faire couler en un seul lit, la puissance du courant augmente beaucoup. Ainsi, actuellement, notre mental divisé se dirige vers des centaines d'objets. Si on maîtrise le mental pour le concentrer en un seul point, on génère une force immense qui peut être employée à faire des merveilles.

49

La méditation nous aide à voir toute chose comme un jeu délicieux, si bien que même le moment de la mort devient une expérience de béatitude.

50

Mes enfants, dans l'état actuel de notre mental, nos actes soi-disant « altruistes » ne le sont pas toujours totalement. Essayons donc de garder un équilibre parfait entre l'action et la méditation. L'introspection, la contemplation, la prière et la récitation du mantra sont nécessaires aux étapes initiales de la vie spirituelle. A mesure que l'abnégation grandit en nous, notre méditation devient de plus en plus profonde.

51

Pleurer pour Dieu pendant cinq minutes équivaut à une heure de méditation.

52

Au cours de la méditation il se peut que de mauvaises pensées surgissent. Si cela arrive, pensez : « O mon mental, y a-t-il aucun avantage à chérir de telles pensées ? Ont-elles la moindre valeur ? » Discernez ainsi et rejetez les pensées inutiles.

53

Sans amour, peu importe combien de fois nous répétons notre mantra ou le temps que nous passons à méditer, nous n'en obtiendrons pas les fruits. Quand votre amour de Dieu acquiert une force extraordinaire, toutes les tendances négatives en vous disparaissent automatiquement. Il est difficile de ramer contre le courant, mais si le bateau a une voile, cela devient facile. L'amour de Dieu est comme une voile qui permet au bateau d'avancer.

54

Pour penser à Dieu, il faut oublier. Pour être authentiquement concentré sur Dieu, il faut être complètement, absolument dans le moment présent, en oubliant le passé et le futur. Cela seul est une vraie prière. Cette sorte d'oubli nous aide à ralentir le flot des pensées et à connaître la béatitude de la méditation.

55

Dans la méditation, on devient silencieux ; on repose dans son véritable Soi.

56

Vous reconnaîtrez une personne qui médite à son caractère. Elle est humble et son attitude exprime : « Je ne suis rien ». On ne peut obtenir la vision de Dieu qu'en cultivant cette attitude : « Je suis le serviteur de tous ».

57

Le sourire est une des formes les plus élevées de méditation.

58

Il est possible de changer son destin en faisant l'effort de méditer et de prier sincèrement.

59

Seules les actions accomplies avec une attitude altruiste peuvent vous aider à entrer plus profondément en méditation. La véritable méditation ne se produira que quand vous serez devenu réellement altruiste, car c'est l'altruisme qui efface les pensées et vous emmène dans un profond silence.

60

L'art de la détente dans la méditation fait émerger la force qui demeure en vous. C'est l'art de calmer le mental et de concentrer toute votre énergie sur le travail que vous êtes en train de faire. Vous pouvez ainsi donner tout votre potentiel. Une fois que vous maîtrisez cet art, tout arrive spontanément et sans effort.

61

Même quand vous méditez sur le nom ou la forme d'un dieu, d'une déesse ou d'Amma, en réalité, vous méditez sur votre propre Soi, et non pas sur un objet extérieur.

62

A mesure que votre concentration augmente, le nombre de pensées décroît. Quand les pensées sont moins nombreuses, le mental et l'intellect deviennent plus subtils et on peut aller plus profond dans la méditation.

63

La méditation et les autres pratiques spirituelles nous donnent la force et le courage de sourire devant la mort.

64

Pensez à Dieu, chantez le nom de Dieu, méditez sur la forme de Dieu et répétez votre mantra. C'est le meilleur médicament pour guérir les blessures du passé. Prenez ce remède pour lâcher le passé, et ne vous inquiétez pas de l'avenir.

65

Méditez avec la conviction que votre divinité bien-aimée réside dans votre cœur.

66

Mes enfants, ne manquez jamais de faire vos pratiques quotidiennes. Aussi fatigué ou malade que vous soyez, essayez de vous asseoir et de méditer pendant quelque temps.

67

Au début, il est nécessaire de développer un sentiment d'amour pour votre pratique quotidienne de la méditation. Cela devrait devenir une partie essentielle de votre vie. Si vous n'arrivez pas à faire votre pratique spirituelle au moment habituel, vous devriez ressentir la douleur de l'avoir manquée, et aspirer à rattraper ce temps.

68

Si êtes capable de regarder avec un œil subtil, vous verrez qu'il y a un espace entre les pensées. Cet espace est plus fin qu'un cheveu, mais il existe. Si vous parvenez à empêcher les pensées de couler sans contrôle, comme elles le font maintenant, cet espace augmentera Cela n'est possible qu'avec un mental méditatif, qui se concentre sur une seule pensée. Dans la méditation, le mental doit se fixer sur une seule pensée et non pas sur de nombreuses pensées.

69

Quand vous avez fini de méditer, ne vous levez pas aussitôt de votre siège pour vous adonner à d'autres activités. Quittez la posture de méditation en détendant les jambes, puis allongez-vous en savasana (la posture du cadavre) pendant cinq à sept minutes. Détendez le corps et l'esprit. Laissez le temps au flot du prana (l'énergie vitale) de revenir à son état normal. C'est pendant ce temps que les effets bénéfiques de la méditation sont pleinement assimilés par le corps.

70

La méditation en groupe est très bénéfique. L'atmosphère est pleine des vibrations de la concentration de chacun, ce qui la rend plus propice à la méditation. A ce moment-là, les vibrations des pensées de chacun suivent un schéma similaire, on peut donc obtenir une bonne concentration.

71

Le mental n'est rien d'autre que des pensées. Les pensées, quand elles sont intenses, deviennent des actions. Les actions répétées deviennent des habitudes. Les habitudes forment le caractère. Pour réussir à calmer les pensées lors de la méditation, il faut d'abord changer leur qualité.

72

Lorsqu'on prend un tonique pour la santé, il faut respecter la dose prescrite car si on la dépasse, on risque des conséquences néfastes. Si vous avalez toute la bouteille de tonique, cela vous fera du mal. Ainsi, enthousiasmé par les pratiques spirituelles telles que la méditation, on risque de penser : « Je veux méditer pendant des heures. » Si vous n'êtes pas prêt, cela risque d'engendrer de nombreux problèmes : trop de chaleur dans la tête, des perturbations du sommeil, des problèmes digestifs, etc. Ayez une approche progressive, lente et régulière, de la méditation

73

La nature du mental est de vagabonder. Il ne peut pas rester tranquille. Lorsque nous essayons de calmer le mental en le concentrant sur un objet de méditation, nous observons qu'il vagabonde encore plus. Les débutants risquent d'être effrayés ou découragés par ces pensées innombrables. Une pratique constante associée à la détermination est le seul moyen de maîtriser le mental. Ne vous laissez pas effrayer ni décourager. Continuez votre pratique spirituelle avec détermination.

74

Mes enfants, au cours de la méditation, il se peut que des pensées néfastes surgissent dans le mental. Ne vous inquiétez pas. N'accordez aucune attention à ces pensées. Accorder trop d'importance aux tendances négatives affaiblit le mental. Le mental n'est qu'une collection de pensées. Dites-vous que les mauvaises pensées viennent parce qu'il est temps pour elles de disparaître. Soyez attentifs à ne pas vous identifier à elles. Contentez-vous d'ignorer les pensées négatives et continuez votre méditation.

75

Aux stades initiaux de la méditation, le tamas (inertie) latent fait surface, et on a sommeil. Il s'agit de surmonter cela grâce à une pratique régulière et systématique, au contrôle de la nourriture, etc. Quand vous avez sommeil, levez-vous aussitôt de votre siège de méditation et récitez votre mantra en marchant de long en large. Utilisez un mala (rosaire) en récitant le mantra, tenez-le avec vigilance contre la poitrine. Si l'on est attentif, ces tendances tamasiques disparaîtront peu à peu. Il faut que rajas (l'activité) chasse tamas.

76

Quand les pensées traversent le mental pendant la méditation, observez-les, mais ne vous reliez pas à elles, ne vous y attachez pas. Tandis que les pensées traversent le mental, efforcez-vous de développer la capacité de prendre du recul, en restant un témoin. Cela rendra votre mental fort.

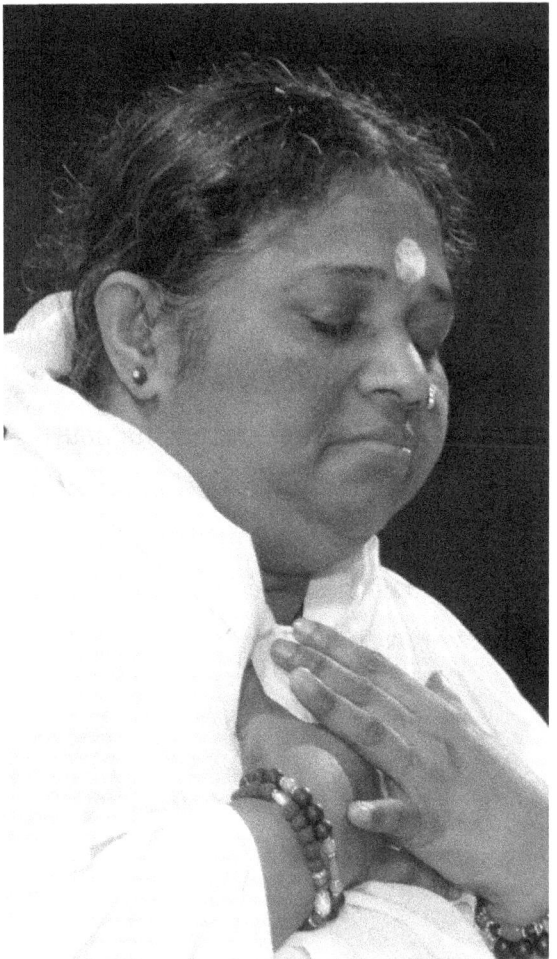

77

Faites votre méditation et vos pratiques spirituelles au mieux de vos capacités et ne songez pas au résultat. Si vous vous asseyez en songeant au résultat, vous ne pourrez pas faire la pratique avec une attention totale. Un chercheur spirituel n'est pas censé désirer obtenir des expériences spirituelles. Courez droit au but !

78

La prière sincère EST méditation. Elle est communion avec Dieu, elle a lieu dans le calme silencieux de notre cœur.

79

À un certain point, le chercheur spirituel se fond en sa divinité bien-aimée. Si nous pensons constamment à notre déité, si nous renonçons à toute autre pensée, naît en nous un amour intense, grâce auquel nous nous fondrons dans le Divin. Notre divinité bien-aimée nous guidera alors jusqu'à l'état ultime de la non-dualité, où il ne reste que la pure conscience, la joie et la béatitude.

80

Seule une personne qui vit totalement dans l'instant présent peut être parfaitement libre de la peur de la mort. Seul un tel être peut embrasser la mort sereinement. Seules la méditation et les autres pratiques spirituelles nous donnent la possibilité de vivre totalement dans le présent.

81

Le but de toutes les pratiques spirituelles est d'être satisfait dans son propre Soi, par le Soi, et pour le Soi. Il s'agit pour nous de devenir indépendants et de ne dépendre que de notre propre Soi, la source même de toute joie.

82

Afin que nous soyons complètement détendus et puissions finalement atteindre l'état de Solitude parfaite, il faut que cesse l'interférence du passé et du futur. Seul le moment présent existe, lui seul doit être vécu.

83

La méditation nous aide à acquérir la maîtrise du mental et du corps. Elle nous permet de cultiver la patience. Nous devrions avoir en main la télécommande du mental. Actuellement, il n'en est pas ainsi. Ce sont les sens qui nous gouvernent.

84

On ne peut connaître la méditation authentique qu'en présence d'un satguru (maître réalisé). Un tel guru est dans un état constant de méditation, même si vous le voyez agir physiquement. La présence du guru est le lieu le plus propice à l'épanouissement de votre Soi. En présence du guru, vous pouvez atteindre cet épanouissement, cette non-dépendance intérieure, et donc lâcher toutes vos peurs, tout sentiment de « l'autre ».

85

Quand, grâce à la méditation, le petit ego disparaît, nous devenons l'Illimité, l'Impersonnel, et nous connaissons alors l'Océan de Béatitude. Il reste ensuite quelque chose qui ressemble à l'ego, mais qui n'est pas réel.

86

Lorsque nous méditons ou que nous sommes seuls, nous avons peut-être le sentiment qu'il n'y a pas de négativité en nous. Mais quand nous nous trouvons face à des situations inconfortables, toute la négativité surgit et il est alors difficile de la maîtriser. Il ne sert à rien de fuir les situations. Où que vous soyez, utilisez la situation pour obtenir la maîtrise du mental. En réalité, c'est cela le but des pratiques spirituelles.

87

Dieu se fera le serviteur de celui qui a obtenu une concentration parfaite dans la méditation. Mes enfants, Amma vous le garantit. Essayez, et voyez ce qui arrive !

88

Ceux qui prient et qui méditent sur Dieu sincèrement ne manqueront jamais de l'essentiel pour vivre.

89

L'effort est humain tandis que la grâce est divine. L'effort est limité ; la grâce est illimitée. Votre effort humain limité ne peut vous faire avancer que jusqu'à un certain point. De là, la grâce du guru vous conduira au but. Effectuez sincèrement vos pratiques spirituelles, avec une attitude d'abandon de vous-même et d'amour, puis attendez patiemment que la grâce vienne.

90

Comme vous n'avez pas créé les nuages dans le ciel extérieur, ils ne disparaîtront pas si vous les observez. Mais en revanche, les nuages des pensées dans le ciel intérieur se dissoudront si vous réussissez à en être le témoin.

91

Le mouvement et l'immobilité sont deux facettes de la même vérité. Ils ne font qu'un. Pour atteindre l'état d'immobilité, il est nécessaire de s'accrocher à quelque chose.

92

Autrefois, Amma ne restait jamais un moment oisive. Elle méditait constamment. Si on venait lui parler, Amma voyait la forme de Dévi en cette personne. Elle pouvait parler autant qu'elle le désirait. Si elle perdait un seul instant, Amma était profondément triste, et pensait : « O Seigneur, ce temps a été perdu. » Alors elle faisait deux fois plus de pratiques spirituelles. Vous aussi obtiendrez le fruit de la vie si vous essayez avec un tel sentiment d'urgence.

93

Le but de la méditation est de devenir rien, d'abandonner l'attitude « c'est moi qui agit ». Même le sentiment « Je médite » est incorrect. Dans la méditation réelle il n'y a pas de « je ». Quand l'attitude du « moi » et du « mien » disparaît, vous devenez le serviteur de tous et vous n'êtes plus un fardeau pour autrui. On peut comparer une personne ordinaire à une petite mare stagnante, tandis que les êtres qui ont réalisé le Soi sont comme une rivière ou un arbre et apportent le réconfort et la fraîcheur à tous ceux qui les approchent.

94

Si vous n'êtes pas capable de méditer, essayez de répéter votre mantra. Si vous trouvez cela aussi difficile, alors récitez les noms divins. D'une manière ou d'une autre, nous devons faire de gros efforts pour fixer nos pensées constamment sur le Suprême. Ne laissez pas le mental nourrir des pensées inutiles.

95

L'humilité se développe à mesure que l'on progresse dans la méditation. L'humilité, c'est voir Dieu en tout ou percevoir son propre Soi partout. L'humilité signifie l'abandon de Soi... abandonner sa volonté à la volonté de Dieu. Dans cet état, il n'y a plus de réactions, uniquement l'acceptation. Nous éprouvons alors de l'amour envers toutes les créatures. Nous sommes capables de voir Dieu en toute chose.

96

Il est bon de méditer dans une lumière douce. La lumière extérieure risque de nous déranger quand nous essayons d'illuminer notre intérieur.

97

Les pratiques spirituelles telles que la méditation, la répétition d'un mantra ou bien le fait de chanter des bhajans sont différentes méthodes pour détendre le mental, afin que vous puissiez rester toujours ouvert, comme une fleur fraîchement épanouie.

98

Pour rendre le mental stable et calme, il faut être attaché à quelque chose de plus élevé que lui. Le mental est le lieu le plus bruyant du monde. Si vous ne lui proposez pas une forme divine sur laquelle il peut méditer, qu'il peut contempler, le mental ne sera jamais silencieux. Mais l'objet de notre méditation ou de notre contemplation ne doit pas être un objet familier, car le mental s'ennuiera très vite.

99

À mesure que vous absorbez votre objet de méditation, vous ne faites plus qu'un avec lui. Dans cette sorte de participation, vous êtes totalement absent. C'est comme si le joueur était absent et qu'il ne restait que le jeu. Le chanteur est absent, il n'y a plus que le chant.

100

Qui aime réellement est dans un état constant de méditation. En présence d'un tel amour, les pensées cessent d'exister. La véritable amante ne fait que méditer. Toutes ses pensées tournent autour du Bien-aimé, les vagues de pensées sont donc peu nombreuses dans son mental. Une seule pensée domine, et cette pensée unique concerne le Bien-aimé.

101

Là où il n'y a qu'une pensée, il n'y a pas de mental. La concentration de l'amante sur le Bien-aimé, constante et unique, touche le tréfonds du cœur, là où les mots et la parole ne peuvent pénétrer. Le dévot plonge dans un état constant de méditation. A ce stade, les deux ne font plus qu'un.

102

Dans l'amour réel, la méditation domine. On devient silencieux et on repose dans son véritable Soi. Lorsqu'on repose dans son propre Soi, il est impossible de parler.

103

Ne vous épuisez pas à vouloir rester assis dans la posture du lotus ou à retenir votre souffle pour méditer sur la forme de votre déité. La méditation est le souvenir de Dieu, le souvenir constant et plein d'amour. Considérez votre déité comme l'être qui vous est le plus cher, comme votre parent, ou considérez-vous simplement comme son enfant. Rappelez-vous votre divinité bien-aimée dès que vous le pouvez, où que vous soyez et quoi que vous fassiez. Efforcez-vous de sentir la déité dans votre cœur. Essayez de sentir sa présence divine, sa grâce, sa compassion et son amour.

104

Priez jusqu'à ce que votre cœur fonde et se répande en larmes. On dit que les eaux du Gange purifient celui qui s'y plonge. Les larmes qui remplissent les yeux de celui qui pense à Dieu ont un immense pouvoir de purification. Ces larmes sont plus puissantes que la méditation. De telles larmes sont en vérité le Gange.

105

La meilleure manière d'obtenir la concentration est de pleurer en implorant Dieu. En fait, c'est une méditation. C'est ce que firent les grandes pratiquantes de la bhakti, telles que les gopis et Mirabai. Que la prière de Mirabai était désintéressée ! « Seigneur, peu importe si Tu ne m'aimes pas. Mais, Seigneur, ne m'ôte pas le droit de T'aimer. » Elles ont prié et pleuré jusqu'à ce que leur être entier ait été transformé et soit plongé dans une prière constante. Elles ont vénéré le Seigneur jusqu'à être totalement consumées par les flammes de l'amour divin. Elles sont devenues l'offrande.

106

Méditez, priez et récitez votre mantra pour éliminer votre colère et sa cause. Pour un chercheur spirituel, le but de la vie est d'éliminer la colère et les autres tendances négatives. Il y consacre toute sa vie.

107

La nourriture des pensées et des désirs liés au monde est nocive. Il existe une nourriture bien plus savoureuse et saine : nos pratiques spirituelles. Une fois que vous en avez fait l'expérience, nourrissez le mental régulièrement en méditant, en chantant les noms divins, en faisant le japa et d'autres pratiques spirituelles. Peu à peu, votre appétit pour cette nourriture spirituelle grandira.

108

Si vous êtes concerné par le bien du monde, alors vous devriez sincèrement méditer et faire vos pratiques spirituelles. Mes enfants, devenez le phare qui guide les navires voguant dans l'obscurité. Faites briller dans le monde la Lumière de Dieu !

www.ingramcontent.com/pod-product-compliance
Lightning Source LLC
Chambersburg PA
CBHW061955070426
42450CB00011BA/3043